PROCÈS-VERBAL

De la cérémonie funèbre qui a eu lieu au Champ-de-Mars, à Paris, le 10 Vendémiaire an VI, en mémoire du général HOCHE.

L'AN sixième de la République française, une et indivisible, le 10 vendémiaire à 10 heures du matin, en exécution de l'arrêté du Directoire exécutif du 2 du présent mois et de la loi du 5 aussi de ce mois, portant qu'il serait célébré cejourd'hui, au Champ-de-Mars à Paris, une cérémonie funèbre en mémoire du général *Hoche*, commandant en chef les armées de Sambre-et-Meuse et de Rhin-et-Moselle, décédé à Wetzlar le 3.e jour complémentaire de l'an V, dans la trentième année de son âge, les membres du Directoire exécutif, en grand costume, et le secrétaire général, se réunissent au lieu ordinaire des séances, pour se rendre au Champ-de-Mars, lieu fixé pour la cérémonie à laquelle cette journée est consacrée.

Les ministres, les officiers composant l'état-major de la 17.e division militaire et de la place de Paris, sont successivement annoncés et introduits.

Depuis l'aube du jour, l'artillerie placée dans le jardin du palais national du Directoire exécutif, annonçait aux citoyens, par un coup de canon tiré de quart d'heure en quart d'heure, que la République avait perdu l'un de ses défenseurs les plus ardens, et les appelait à venir mêler leurs larmes aux honneurs funèbres que la patrie reconnaissante lui avait décernés.

A onze heures, le Directoire monte dans ses voitures,

il est précédé de ses huissiers et messagers d'État, et accompagné des états-majors de la 17.ᵉ division militaire et de la place de Paris, d'un grand nombre d'officiers généraux, des ministres et du secrétaire général ; il prend sa route vers l'École militaire , au milieu d'un grand concours de citoyens , qu'une pieuse affection avait rassemblés dans les environs du palais.

Deux piquets de cavalerie ouvrent et ferment la marche : les cavaliers et grenadiers de la garde du Directoire , un corps nombreux de troupes de ligne et un détachement de vétérans nationaux escortent les voitures, et marchent les armes basses.

Les tambours , couverts de crêpe , exécutent par intervalles de sombres roulemens ; les trompettes et la musique militaire , également voilées , font entendre des accords lents et lugubres qui préparent les cœurs aux émotions religieuses et à l'attendrissement qu'ils allaient éprouver.

On arrive dans cet ordre à l'École militaire. La façade du bâtiment est couverte en grande partie de tentures noires , semées des couleurs nationales. La famille éplorée du général *Hoche* s'y était déjà rendue , dans des voitures que le ministre de l'intérieur lui avait envoyées : le Directoire s'avance vers elle , et lui témoigne combien il partage avec tous les bons Français la perte dont elle est affligée.

Le Directoire trouve aussi à l'École militaire le corps diplomatique , les membres du tribunal de cassation , les autorités constituées du département de la Seine et de la commune de Paris, et tous ceux qui doivent former le cortége.

Un concours immense de citoyens garnit les talus environnant la vaste étendue du Champ-de-Mars ; on y remarque un grand nombre de membres du Corps législatif, qui sont venus se confondre avec leurs concitoyens pour payer à la mémoire du général mort, leur tribut individuel de la reconnaissance publique

(3)

Toute la garnison de Paris et les deux bataillons des grenadiers de la garde du Corps législatif sont sous les armes
dans le cirque. Un soleil pur, un calme absolu, semblent
commander le recueillement.

Le Directoire sort à pied de l'École militaire, précédé
d'un cortége nombreux, qui se compose ainsi qu'il suit :

   Les commissaires de police ;
   Les tribunaux de paix ;
   Les douze administrations municipales de Paris ;
   Le bureau central ;
   L'administration centrale du département de la Seine ;
   L'administration des monnaies ;
   Le tribunal de commerce ;
   Le tribunal correctionnel ;
   Le tribunal civil ;
   Le tribunal criminel ;
   Le tribunal de cassation ;
   Les commissaires de la trésorerie ;
   Les commissaires de la comptabilité ;
   Les professeurs des écoles centrales ;
   L'institut national des sciences et arts ;
   L'état-major de la 17.ᵉ division militaire ;
   Les huissiers du Directoire ;
   Les messagers d'État ;
   Les ambassadeurs et agens des puissances étrangères ;
   Les ministres ;
   Le Directoire exécutif.

Chacun des membres du cortége tient à la main une
branche de laurier ou de chêne.

Un corps de musique dirige lentement la marche, en
exécutant des airs funèbres entrecoupés par le son lugubre et déchirant du tam-tam (1).

____

(1) Instrument d'airain, usité chez les Chinois.

  I.   A 2

Au milieu du cortége, et devant le Directoire, est portée avec une pieuse vénération, par quatre anciens guerriers, l'effigie du général *Hoche*, couronnée du laurier de l'immortalité. Elle est placée sur un brancard décoré d'une draperie tricolore, avec un trophée et les insignes militaires de général en chef. La draperie est soutenue aux quatre coins par quatre généraux, amis du général *Hoche* et ses émules dans la carrière de l'honneur, les citoyens *Augereau*, *Bernadotte*, *Hédouville* et *Tilly*.

Suivent immédiatement, les yeux inondés de larmes et attachés à la terre, les parens du général *Hoche*, plongés dans l'abattement et la douleur. A leur tête on distingue par son désespoir un vieillard vénérable en cheveux blancs et couvert d'honorables cicatrices, le père du général mort: d'un pas chancelant il suit l'effigie de son fils, appuyé sur deux de ses proches, au milieu des cris des femmes et des enfans qui l'environnent, et en se frappant la poitrine.

L'aspect de cette famille éplorée arrache de tous les yeux des larmes d'attendrissement.

Le cortége dirige sa marche par l'allée des peupliers, à droite du Champ-de-Mars, et fait le demi-tour du cirque, jusqu'à l'autel de la patrie.

En avant de l'autel s'élève une pyramide, portant sur chacune de ses faces une inscription qui rappelle les principaux traits de la vie militaire du général *Hoche*.

Sur l'une on lit : *Ligne de Weissembourg;*

Sur l'autre : *Débloquement de Landau;*

Sur la troisième : *Affaire de Quiberon; Pacification de la Vendée;*

Sur la quatrième : *Passage du Rhin; Bataille de Newied.*

L'enceinte de l'autel est formée par des trophées et des colonnes funéraires également ornées d'inscriptions, et

(5)

surmontées de drapeaux tricolors , dont les cravates sont de crêpe et de rubans noirs.

Les diverses inscriptions portent ;

La première : *Il vécut assez pour la gloire, et trop peu pour la patrie.*

La seconde : *Il fut humain dans la guerre et clément dans la victoire.*

La troisième : *Son nom seul épouvanta le despote d'Irlande et les conspirateurs français.*

La quatrième : *Les distances , les fleuves , l'océan , rien n'arrêtait son audace.*

La cinquième : *Il allait être le* Buonaparte *du Rhin.*

La sixième : *Weissembourg , Landau , Quiberon ; parleront de sa gloire ; et la Vendée , de ses vertus.*

Autour de l'autel de la patrie et de la pyramide , sont plantés des groupes de peupliers , entre lesquels des candélabres soutiennent des cassolettes à l'antique où brûlent des parfums.

Le Directoire exécutif prend séance sur l'autel , dans la partie supérieure , aux pieds de la statue de la liberté ; les ministres , les membres du corps diplomatique , ceux des autorités constituées , et toutes les personnes du cortége , se placent sur les siéges qui sont préparés pour chacun d'eux sur les deux côtés en avant de l'autel.

La famille du général *Hoche* y occupe une place distinguée , d'où elle fixe les regards attendris de tous les spectateurs.

L'effigie du général (1) est déposée en face de l'autel, devant la pyramide , sur une estrade ornée de candélabres et de trépieds antiques. Les quatre généraux qui portaient les coins du drap funéraire , restent debout aux quatre angles. Les élèves de la patrie sont rangés à l'entour, et pleurent la perte du héros qui leur fut tant de

---

(1) Ce buste a été modelé d'après un dessin , par le citoyen Corbet , sculpteur statuaire. Cet artiste n'a eu que 18 heures pour faire son travail.

2. *Procès-verbal.* A 3

fois proposé pour modèle : cinq colonnes de troupes composées des deux bataillons des grenadiers du Corps législatif, de la 7.ᵉ demi-brigade, de la 9.ᵉ demi-brigade d'infanterie légère, des 20.ᵉ et 28.ᵉ demi-brigades, 16.ᵉ et 20.ᵉ de cavalerie, du 10.ᵉ de hussards, et du 21.ᵉ de chasseurs de différentes armes, environnent la pyramide, dans une attitude immobile, et portant leurs armes basses.

Le silence le plus profond règne dans la vaste circonférence du Champ-de-Mars. Les artistes du conservatoire de musique et du théâtre de la république et des arts le rompent par une symphonie funèbre qui augmente l'attendrissement dont les ames sont déjà pénétrées.

Les sons de la trompette commandent l'attention : le Directoire se découvre et se lève ; le président prononce un discours, dans lequel, au nom de la patrie reconnaissante, il déplore la perte du général *Hoche*, en ces termes :

« Dès l'aube du jour, le bruyant airain avait signalé
» la fête de la République : l'aurore ayant embelli
» l'orient de ses plus riches couleurs, le soleil s'était
» élancé dans la carrière ; il semblait se complaire à
» verser son éclat radieux sur la scène aussi touchante
» qu'animée qui se préparait. Le peuple, ses magistrats
» et ses défenseurs, s'étaient réunis pour célébrer cette
» belle journée par des actions de grâces, par des jeux
» et par des concerts. L'amour de la liberté transpor-
» tait tous les cœurs ; la plus douce satisfaction régnait
» sur tous les visages ; la paix, la concorde, un déli-
» cieux abandon, réunissaient cette foule innombrable
» dans une seule et même famille : par-tout était l'image
» du bonheur, et l'ame ravie se croyait déjà transportée
» dans l'Élysée....
» Hélas ! il est donc vrai, ce n'est qu'au sein de
» l'Éternel, dans le séjour de l'immortalité, que l'homme
» peut compter sur des plaisirs sans fin et sans mélange !
» Quelle vapeur obscurcit déjà l'horizon ! d'où
» partent ces tristes murmures qui se mêlent sourdement
» aux acclamations multipliées de la joie et de la gra-

» titude ! — A ce jour de fête va succéder un jour de
» deuil , et les chants de l'alégresse seront étouffés
» par les accens de la douleur ! L'un des plus fermes
» appuis de la République, le vainqueur de Weissem-
» bourg , de Quiberon et du Rhin , l'immortel paci-
» ficateur de la Vendée , *Hoche* n'est plus !....... il
» n'est plus !.....

» Les citoyens consternés se demandent : Comment
» est-il tombé au milieu de son armée triomphante , et
» dans la fleur de son âge , celui que tant de hauts
» faits et une profonde sagesse avaient rendu si fameux
» à l'époque où le commun des hommes n'est pas en-
» core parvenu à la maturité !..... comment est-il
» tombé !

» Des travaux sans nombre, une activité sans bornes ,
» une sollicitude toujours inquiète pour la gloire et la
» prospérité de la République, ont dévoré ses forces ;
» les maux dont la patrie est menacée par la trahison
» déjouée le 18 fructidor, portent le dernier coup à son
» ame ardente et sensible..... il succombe..... il
» n'est plus !....

» Il n'est plus !..... ce cri lugubre a volé d'une
» extrémité de la France à l'autre.... et à chaque instant
» il retentit sur mon cœur ! Qui plus que moi doit en
» effet déplorer sa perte ! Il fut le sauveur des miens.

» O toi qui fermas l'horrible plaie dont furent affligés
» si long-temps le pays qui m'a vu naître et celui qui
» m'honora de son suffrage, génie tutélaire , envoyé
» par le ciel dans nos contrées pour y éteindre le feu
» de la discorde, et y tarir la source de nos larmes,
» reçois, par mon organe, l'hommage de mes compa-
» triotes désolés !..... Ils connaissent leur infortune ;
» et de toutes parts, dans les champs mélancoliques de la
» Vendée et sur les riantes collines de Maine-et-Loire ,
» ton nom se prononce au milieu des sanglots , et l'écho
» le répète en gémissant !

» Mais c'est à la France entière que *Hoche* appar-

2.   A 4

» tient : tous ensemble faisons éclater nos regrets ; bardes
» républicains , entonnez les chants de la mort du
» héros , racontez ses exploits et ses bienfaits. Et vous
» tous , enfans de la liberté , amans de la gloire , amis
» de l'humanité , soyez attentifs et frémissez.

» L'un des plus fermes appuis de la République , le
» vainqueur de Weissembourg , de Quiberon et du Rhin ,
» l'immortel pacificateur de la Vendée. . . ., *Hoche* n'est
» plus !. . . . .

» Il n'est plus !. . . . . . mais sa dépouille mortelle
» seule a péri. L'histoire et la tradition transmettront
» sa mémoire aux siècles futurs ; et le récit de ses ac-
» tions , souvent répété , charmera d'âge en âge les
» loisirs des philosophes et des guerriers amis de la
» liberté !

» Et toi, souverain des êtres, auguste protecteur de
» notre indépendance , tu feras descendre quelquefois
» parmi nous cette grande ame que tu composas des
» qualités les plus brillantes du héros , et des vertus
» les plus précieuses du bienfaiteur de l'humanité. Si
» des dissensions civiles devaient malheureusement nous
» diviser encore , ou d'injustes voisins nous forcer à
» la guerre, à ta voix secourable *Hoche* s'éloignera de
» ta présence , quittera les doux entretiens des législa-
» teurs qui fondèrent les républiques , des hommes
» vertueux qui les rendirent heureuses , et des héros
» qui les illustrèrent; il planera au-dessus d'une patrie
» qui lui sera toujours chère , même au-delà du terme
» de la vie; son souffle pacificateur éteindra toutes nos
» haines , et la plus parfaite harmonie régnera où la
» discorde devait exercer ses fureurs. Son feu guerrier
» se glissera dans les veines de nos soldats , son génie
» militaire inspirera les chefs , et nous devrons encore
» des victoires au héros descendu dans la tombe !

» Ce n'est donc pas à de stériles regrets que nous
» devons lâchement nous livrer. Lorsque le premier
» tribut a été payé à la nature ; et que les derniers

» devoirs ont été rendus à la cendre des grands hommes,
» c'est en les imitant qu'on les honore.

» Accomplissons les rites funéraires commandés par
» le devoir et par une trop juste douleur; mais avant
» notre séparation , bardes républicains , entonnez
» l'hymne à la liberté et le chant du départ ! Que
» les cris mille fois répétés de *vive le République* les
» accompagnent, et retentissent avec eux depuis les
» Pyrénées jusques au Rhin, et depuis le Rhin jusques
» aux rives de l'Adriatique.

» Au bruit de ces acclamations, soldats , saisissez vos
» armes, effacez vos étonnans exploits par des exploits
» plus étonnans encore , et forcez à la paix un orgueil-
» leux ennemi; législateurs , gouvernans , magistrats,
» redoublez d'activité , de sagesse, d'énergie et de désin-
» téressement, pour accomplir dignement vos devoirs ;
» citoyens de toutes les conditions, que la République
» soit votre idole , que la Constitution de l'an III soit
» pour vous l'arche sainte et le point de ralliement;
» soyez grands , justes et bons ; appelez tous les peuples
» à la liberté par l'éclat de vos vertus et l'image de
» votre bonheur ; et c'est alors, seulement alors, qu'elle
» sera dignement honorée la mémoire du héros que
» nous pleurons aujourd'hui , et que nous chérirons à
» jamais » !

Ce discours, écouté dans le recueillement le plus
profond, n'est interrompu que par les soupirs des assistans et les sanglots de la famille du général *Hoche*.
Plusieurs fois le président du Directoire a peine à contenir
l'émotion de son cœur; ses paroles pénètrent toutes les
ames , et y font passer les affections généreuses dont il est
animé. Le sentiment transporte bientôt les spectateurs,
et s'exhale de toutes les bouches en cris unanimes, *vive
la République !* Ces cris s'étendent et se prolongent
dans toute la vaste étendue du Champ-de-Mars; de
toutes les parties des *talus* se répètent les cris de *vive la*

République. — *Vive la République !* répond l'armée d'une voix forte. Ces cris universels, ce concert majestueux d'acclamations d'un peuple immense qui pleure la mort d'un de ses plus vaillans généraux, mais qui sent sa force et sa grandeur, s'élèvent jusqu'aux nues et montent vers la Divinité.

Quarante jeunes élèves du conservatoire de musique, vêtues de blanc, les cheveux ornés de bandelettes, et portant des écharpes de crêpe, s'avancent d'un pas timide et se rangent autour du mausolée : elles chantent en chœur, en l'honneur du héros, la strophe suivante de l'hymne composé par le citoyen *Chénier*, et mis en musique par le citoyen *Cherubini* :

> Du haut de la voûte éternelle,
> Jeune héros, reçois nos pleurs ;
> Que notre douleur solennelle
> T'offre des hymnes et des fleurs !
> Ah ! sur ton urne sépulcrale
> Gravons ta gloire et nos regrets,
> Et que la palme triomphale
> S'élève au sein de tes cyprès.

Elles repassent ensuite deux à deux au - devant du mausolée : leur maintien modeste, leur démarche grave et silencieuse, répondent à l'émotion dont leurs ames sont affectées. D'une main tremblante, et en détournant leurs regards, où se peignent l'attendrissement et la douleur, elles déposent leurs branches de laurier aux pieds de l'effigie du pacificateur de la Vendée. Une d'elles, succombant à l'oppression du sentiment, s'évanouit, et tombe dans les bras de ses compagnes.

A cette scène touchante, des pleurs coulent de tous les yeux ; les sanglots de la famille du général *Hoche* redoublent. Son père infortuné éclate en gémissemens ; ses amis s'empressent autour de lui pour contenir son

(11)

désepoir. La douleur est peinte sur tous les visages ; on
dirait que chaque citoyen de cette immense réunion assiste
aux funérailles d'un père ou d'un ami particulier.

Le citoyen *Daunou*, membre de l'institut national, et
chargé par lui de faire le panégyrique du héros, s'avance
en ce moment, tenant à la main une branche de laurier ;
il monte sur les degrés du mausolée, et prononce l'éloge
funèbre du général *Hoche*.

Il s'exprime en ces termes :

CITOYENS,

« Nous étions rassemblés, il y a peu de jours, dans
» ce champ de la patrie et de la gloire, pour y cé-
» lébrer la fondation de la République. Tout fier d'un
» récent triomphe sur une faction perfide, un peuple
» innombrable couvrait cette vaste enceinte. Les arts
» offraient à la liberté leurs tributs solemnels, et des
» jeux publics représentaient la puissance de l'ému-
» lation nationale. Des trophées militaires, et, bien
» plus que ces muettes images, la présence auguste
» de nos guerriers mutilés dans les combats, le spectacle
» de leurs glorieuses blessures, vous retraçant le sou-
» venir de tant d'exploits et de conquêtes, remplissaient
» vos cœurs de joie, d'orgueil et d'espérance. Vous
» répétiez, en contemplant ces braves soldats, les noms
» des généraux républicains qui tant de fois les ont
» conduits à la victoire ; et au milieu de ces noms
» immortels, souvent on entendait celui du triomphateur
» de Quiberon, du pacificateur de la Vendée. Ses
» ennemis vous avaient entretenus de sa jeunesse, vous
» en parliez à votre tour ; et vos vains présages,
» l'appelant à une carrière nouvelle de travaux, de
» périls et de gloire, le suivaient des rives de la Lahn,
» jusqu'en ces mers qui seules aujourd'hui peuvent
» défendre contre vous le Gouvernement britannique.

» Vœux insensés ! *Hoche* n'était plus ; sa cendre s'a-
» vançait vers le fort de Péterberg, pour y rejoindre
» la cendre de Marceau ; et la nouvelle de son trépas
» vous attendait dans vos foyers, au retour de votre
» fête et de vos jeux.

» Je sais bien qu'un jour, dans les plus éclatantes
» solennités de la République, le nom du général
» *Hoche* sera mêlé à des chants d'alégresse et des
» triomphes ; je sais qu'un jour on ira chercher sa
» cendre pour la transporter en pompe dans le temple
» où la patrie doit rassembler les objets de sa recon-
» naissance et les monumens de son orgueil. Mais
» nous ses amis et ses frères, nous les témoins de
» ses vertus publiques et privées, nous les déposi-
» taires des généreuses affections de son ame grande
» et sensible, nous accoutumés à le compter au nombre
» des plus fermes soutiens de cette liberté, sans doute
» impérissable, mais réservée encore à tant d'épreuves
» et de combats, quel autre hommage que celui de
» la douleur pourrions-nous lui offrir aujourd'hui, au
» milieu de ses émules et de ses compagnons d'armes,
» auprès de ses parens éplorés, en présence de cet
» infortuné vieillard qui avait placé tant d'espoir dans
» le salut et dans la longue prospérité d'un tel fils.
» Nous parlerons de ses exploits ; car quelle autre
» pensée pourrait occuper nos esprits ! Mais nous les
» raconterons avec le seul accent de la tristesse, comme,
» au sein d'une famille en deuil qui vient de perdre
» l'un de ses membres les plus chéris, on s'entretient
» de lui, de ses actions et de ses bienfaits, pour ali-
» menter la douleur dont on ne veut pas être consolé.
» *Hoche* est né en 1768, au sein de la respectable
» famille que vous voyez ici rassemblée : c'est là qu'il
» a puisé cette élévation de sentimens, ces vertus fières
» et indomptables, qui dès-lors germaient, à l'insçu de
» la tyrannie, dans les classes de la société, qu'elle se
» bornait à comprimer et ne s'appliquait point à cor-

» rompre. La profession des armes avait été celle de
» son père ; elle devint bientôt la sienne ; et la révolution
» le trouva , en 1789, dans le régiment des gardes-
» françaises, qui eut la gloire de donner aux autres corps
» militaires le signal et l'exemple du patriotisme. Là ,
» dans un de ces rangs qu'en effet la royauté devait
» appeler obscurs, puisque ses étroits regards ne savaient
» pas y distinguer la vertu et le génie ; là , *Hoche* prenait
» de fortes habitudes de régularité et de bravoure ,
» étudiait la science des combats, et cultivait en secret
» des talens dont il ne pouvait encore ni mesurer l'éten-
» due , ni prévoir la destination sublime.
   » Au commencement de la guerre de la liberté ,
» sur-tout après la chute du trône , lorsqu'au bruit de
» l'invasion de plusiéurs de nos départemens, nos camps,
» désertés par la plupart des amis de la royauté , se
» remplissaient d'une innombrable multitude de vrais
» enfans de la patrie , la malveillance se plaisait à
» demander à la République où donc étaient les chefs
» qu'elle destinait à ces légions si subitement formées ,
» et par quels noms imposans elle allait remplacer les
» noms auxquels seuls la gloire militaire semblait pou-
» voir s'attacher. Hélas ! citoyens , il a été plus facile
» au génie de la République de susciter au sein de vos
» armées des généraux dignes d'elle, que de les con-
» server assez long-temps à votre reconnaissance et à vos
» besoins. Cette liste de héros , soudains et illustres
» ouvrages de la seule liberté, vous ne pouvez plus la
» lire ou l'entendre sans l'interrompre trop souvent par
» vos regrets et par vos soupirs ; et déjà , de plusieurs
» d'entre eux , il ne vous reste en effet que des noms
» immortels. Il ne cessera point, cet actif instinct de
» la liberté, de manifester sa puissance : les cœurs qu'il
» pénètre , il les agrandit, il les entraîne au parfait
» développement de leurs facultés ; il crée, il féconde,
» au sein des républiques, dans la paix comme dans la
» guerre, tous les talens, toutes les vertus, toutes les

» gloires : à votre insçu, il a d'augustes nourrissons
» dans vos familles, et parmi vos enfans il élève et cultive
» en secret de grands hommes. Ah ! quand ils auront
» commencé de servir et d'illustrer leur patrie, puissent
» leurs pères ne pas leur survivre, et leurs amis ne pas
» verser sur leurs tombeaux des larmes prématurées !

» Les mœurs et le civisme de *Hoche* avaient hâté son
» avancement : il était adjudant-général à la bataille
» d'Honscoote ; mais, cette fois, sa bravoure et ses
» talens brillèrent d'un éclat si vif, qu'on ne lui permit
» plus de remplir un autre rang que le premier. Il fut
» nommé général en chef de l'armée de la Moselle.

» L'ennemi occupait le fort Vauban, les postes de
» Germersheim et de Spire, les lignes de la Lauter et
» de Weissembourg ; Landau était bloqué, le Bas-Rhin
» envahi, et toute la contrée placée aux débouchés des
» Ardennes presque sans défense. Tout présageait une
» irruption nouvelle ; tout semblait reporter la France
» aux mêmes périls qui, quinze mois auparavant, avaient
» signalé l'époque où fut proclamée la République.
» Cependant *Hoche*, arrivant à l'armée qu'il doit com-
» mander, en trouve les forces disséminées, partie
» derrière la Sarre, partie derrière la Moselle. L'irré-
» solution des chefs avait consumé la saison des combats :
» on était parvenu à celle qui passait autrefois dans les
» camps pour la saison du repos. *Hoche* voit qu'il n'y
» a pas un moment à perdre ; il conçoit un vaste plan, et
» il l'exécute. Il rassemble ses troupes, ranime leur cou-
» rage, et les mène aux champs de la gloire. Une divi-
» sion marche sur Keiserslautern ; une autre, débouchant
» par Sarguemines, chasse l'ennemi du poste important
» de Bissing et lui fait repasser la Blisse, en même temps
» qu'une colonne républicaine, partie de Sarre-Libre,
» entame l'ennemi, et le force à se retirer, de position en
» position, jusqu'à celle de Keiserslautern.

» Les Français attaquent ce dernier poste et sont
» repoussés ; mais leur général, au moment même de

» leur mouvement rétrograde, se détermine à franchir
» les Vosges. La rigueur de la saison, la briéveté des
» jours, l'absolu dénuement de l'armée, des monts
» couverts de neiges, couronnés de retranchemens,
» hérissés d'artillerie, rien n'arrête l'audace républi-
» caine : après quatorze jours de marche et de combats,
» l'armée de la Moselle se joint à l'armée du Rhin ;
» *Hoche* prend le commandement de l'une et de l'autre ;
» et bientôt la reprise des lignes de la Lauter et de
» Weissembourg lui ouvre le Palatinat ; Landau est
» délivré.

» Jamais vainqueur n'a plus activement recueilli les
» fruits d'un triomphe. Déjà les postes de Gerneishem
» et de Spire sont enlevés ; déjà notre avant-garde atteint,
» entame et morcelle l'arrière-garde ennemie. Worms
» nous ouvre ses portes ; quelques jours après nos intré-
» pides défenseurs sont maîtres du fort Vauban.

» Je vois l'armée de la Moselle poursuivre le cours
» de ses triomphes ; mais à Arlon, à Charleroi, à
» Fleurus, c'est un autre héros qui la commande.
» *Hoche* n'est plus au milieu d'elle ; le libérateur de
» l'Alsace est plongé au fond des cachots.

» En ce temps-là, citoyens, tandis que nos armées
» couvraient de tant de splendeur le nom français et
» le nom de la République, de farouches décemvirs,
» jaloux aussi d'obtenir parmi les tyrans de tous les
» siècles une horrible prééminence, accablaient la
» patrie sous le poids de tous les forfaits et de toutes
» les calamités. Ah ! le plus fatal revers que la Répu-
» blique ait essuyé jusqu'à présent, le seul dont elle
» ait à gémir encore, c'est que de tels monstres aient
» osé prononcer son nom et le mêler à tant d'horreurs.
» Jamais la révolution n'eût cessé d'être bénie de tous
» les Français, moins quelques orgueilleux peut-être,
» et quelques esclaves ; les seuls décemvirs ont pu lui
» susciter des ennemis jusques parmi ceux-là même sur

» qui elle avait le plus de bienfaits à répandre. Jurons
» sur la tombe d'une illustre victime de ces tyrans, car
» il avaient ordonné sa mort ; jurons, comme lui,
» haine éternelle à la terreur, dont le règne, déjà si
» épouvantable en lui-même et si plein de crimes, a
» laissé encore après soi la semence de tant d'autres
» crimes, de tant de discordes et de réactions.

» L'acte d'accusation de *Hoche* était dressé ; il allait
» paraître devant le tribunal homicide. Neuf thermidor,
» sois à jamais honoré parmi les jours de la République !
» c'est toi qui le rendis à la liberté et à la victoire ;
» tu brisas devant lui les portes de ces prisons décem-
» virales, où l'innocence ne dut puiser que du courage,
» mais d'où la faiblesse et l'incivisme ont rapporté de
» trop longs et de trop funestes ressentimens. *Hoche* aussi
» n'en sortit qu'en invoquant la vengeance : il jura
» d'accabler ses calomniateurs du spectacle de ses vertus
» républicaines ; il jura de reprendre à leurs yeux, et
» pour leur opprobre, le cours de ses sacrifices et de
» ses triomphes ; il jura qu'on le retrouverait bientôt
» dans les rangs des plus fermes républicains, lorsque
» ses oppresseurs, peut-être, ayant changé de rôle et
» de crimes, occuperaient une place encore digne d'eux
» sous les drapeaux du royalisme réacteur. Vous savez,
» citoyens, si *Hoche* a tenu ce serment.

» La terreur n'était plus ; mais la discorde agitait la
» France, et d'autres proscriptions dévastaient sur-tout
» les départemens du Midi, tandis que la guerre de
» Vendée, à peine assoupie un instant par une paci-
» fication mensongère, recommençait, propageait ses
» ravages, et menaçait toutes les contrées de l'Ouest.
» Le Gouvernement anglais croit ce moment favorable
» pour tenter un nouveau crime ; il arme et vomit sur
» nos côtes des cohortes d'émigrés, résolu de les se-
» conder si quelques succès couronnent leurs premiers
» efforts, de les trahir si elles succombent. *Hoche* est à

» la tête de l'armée destinée à les repousser ; et bientôt
» battues à Carnac, forcées d'évacuer Auray et leurs
» autres postes, elles sont bloquées à Quiberon. Journée
» de gloire et de triomphe, comment te célébrer en
» ce jour de deuil ! Non, c'est aux vainqueurs de
» Fleurus et d'Arcole qu'il appartiendra de nous révé-
» ler, en de moins lugubres momens, tout ce que tu
» vis éclater d'héroïsme et de prodiges : ils nous diront
» comment, à travers l'orage, les vents et les ténèbres,
» *Hoche*, rassemblant des républicains épars dans les
» sables et dans les flots, parvient à reconnaître, à
» distinguer les chefs et les corps ; comment il rectifie
» les erreurs, et supplée, par des ordres nouveaux, à
» ceux qu'il n'est plus possible d'accomplir ; comment,
» au sein de ce vaste désordre des hommes et de la
» nature, il retrouve et réordonne une armée. Ils nous
» diront comment nos soldats, sans artillerie, sans autres
» armes que leurs baïonnettes et leur intrépidité, fou-
» droyés à-la-fois par les batteries des forts et par les
» frégates anglaises, s'avancent à travers les flots mugis-
» sans, s'élancent de rochers en rochers, s'emparent
» des forteresses, en arrachent les étendards de la re-
» bellion, et y arborent celui de la République. Suprême
» auteur de tout ce qui est force, vertu et puissance ;
» voilà donc ce que la liberté, ton bienfait et ton
» ouvrage, peut inspirer à des Français de hardiesse
» et de prévoyance, de courage et de magnanimité !
» Tels sont les héros que tu donnes aux Républiques,
» et que ta main ravit avant le temps à la tendre véné-
» ration des peuples.

» Qu'un Français à la fleur de l'âge ait cueilli les
» palmes de Quiberon, il nous est aisé de le concevoir ;
» mais qu'il ait pacifié la Vendée, nous aurions peine
» à le comprendre, si de grands exemples ne nous
» avaient appris combien rapidement la liberté sait
» avancer, pour les héros qu'elle enflamme, l'âge de

» l'expérience et de la maturité. Laissons le récit des
» combats ; ne rappelons point des triomphes obtenus
» par des Français sur leurs frères : assez de gloire ,
» dans cette expédition , resterait au général *Hoche* ,
» quand on ne lui tiendrait compte que des actes de
» fermeté , d'humanité et de sagesse dont il a rempli
» cette intéressante époque de sa vie publique. Son nom,
» ailleurs admiré , ne sera que béni dans ces contrées
» jusqu'à lui si malheureuses. On y chérira sa mémoire
» comme celle d'un père de qui l'on a reçu des ins-
» tructions , des pardons et des bienfaits. Dans ces
» champs désolés , où , durant cinq ans les crimes suc-
» cédaient aux crimes et les désastres aux désastres , il
» a fait renaître les moissons, l'industrie et l'espérance.
» Là , au sein de leurs nouvelles habitations, les citoyens
» lisent à leurs enfans ses proclamations paternelles :
» c'est lui , leur disent-ils, qui a puni les traîtres qui
» nous égaraient ; il a dévoilé leurs complots , saisi et
» rompu pour jamais le fil de leurs manœuvres meur-
» trières ; mais il n'a vaincu que l'obstination , il par-
» donnait à l'erreur, il accueillait le repentir. Que notre
» reconnaissance soit éternelle ! c'est lui qui nous a
» donné la République.

» Le pacificateur de l'Ouest avait conquis l'estime de
» tous les bons citoyens ; il semblait avoir désarmé
» l'envie et toutes les malveillances ; il ne lui manquait
» plus que de repousser loin de lui les flétrissáns éloges
» du royalisme, qui, entre les hommes publics, ne loue
» jamais que ceux qu'il veut perdre , ou dans lesquels il
» espère. *Hoche* , dans un court séjour qu'il fit à Paris,
» sut trouver et saisir l'occasion de déplaire aux ennemis
» de la République. C'était le temps où la calomnie
» poursuivait *Buonaparte* , qui venait de commencer en
» Italie son immortelle campagne; c'était le temps encore
» où , abusant de l'une des plus saintes fonctions de
» l'état social , quelques hommes , vendant au royalisme

» de solennelles impostures, niaient dans les tribunaux
» l'existence de l'une de ses plus éclatantes conspirations.
» *Hoche* quittait à peine ces peuples de la Vendée,
» francs et loyaux dans leur repentir, comme ils l'avaient
» été dans leurs erreurs : transporté tout-à-coup près
» du plus vaste théâtre des factions et des intrigues,
» il ne peut plus concevoir ces excès de lâcheté et de
» perfidie, il s'empresse d'opposer à ces juridiques men-
» songes son auguste témoignage, et de rendre au rival
» de sa propre gloire un hommage digne de tous les
» deux. Je rappelle ici cette circonstance de la vie poli-
» tique du général *Hoche*, parce qu'elle détermina la
» persécution dont, jusqu'à sa dernière heure, il n'a plus
» cessé d'être l'objet.

» Mais que lui importent ces clameurs de ses ennemis !
» il ne les entend plus, au bord du Rhin où l'a rappelé
» la victoire. Un corps d'armée est parti de Dusseldorf,
» a franchi le passage de la Sieg, et s'est élancé vers la
» Lahn, tandis que *Hoche* conduit d'autres guerriers au
» pont de Newied : là, l'Autrichien laisse sur le champ
» de bataille 9,000 prisonniers, 5,000 morts ; et l'armée
» de Sambre-et-Meuse est aux portes de Francfort,
» quand la signature des préliminaires de la paix vient
» arrêter ce nouveau cours de triomphes.

» Tel fut le terme des exploits guerriers du général
» *Hoche* ; depuis lors, il n'eut à résister qu'à la malveil-
» lance des ennemis intérieurs de la République. Dans
» ses derniers écrits, dans ses lettres, où son cœur
» s'épanchait au sein de l'amitié, on voit combien,
» durant son expédition de l'Ouest, et au milieu de
» ses conférences avec plusieurs chefs de l'armée ven-
» déenne, il avait recueilli de connaissances précises
» et profondes sur la faction royale, sur son étendue,
» sur ses manœuvres, sur ses principaux instrumens.
» Il savait trop bien distinguer les traîtres pour qu'il
» leur fût permis de lui pardonner. Aussi, dès qu'ils se
» virent revêtus d'une partie des premiers pouvoirs

» constitués, ils l'eurent bientôt désigné parmi les vic-
» times qu'ils se disposaient à frapper. Déjà les plus
» absurdes accusations avaient été proclamées contre
» lui avec une menaçante solennité. . . . Mais pourquoi
» ce récit de fureurs d'une faction couverte aujourd'hui
» d'un vaste opprobre ! Certes ! en ce jour de deuil et de
» larmes , nous avons bien assez de nos regrets dou-
» loureux , sans nous replonger encore dans les déchi-
» rans souvenirs de tant de crimes et de trahisons !
» Entre les plus courageuses et les plus illustres
» victimes et de l'anarchie et de la réaction , il en est
» que la mort a récemment frappées au moment même
» des plus audacieux efforts du royalisme , au milieu de
» ses progrès et presque de ses triomphes. *Hoche* , tu
» fus moins infortuné ; tu n'expiras du moins qu'après
» avoir rendu grâces au génie de la liberté et célébré sa
» victoire. Un vif espoir, un sûr présage du salut de
» la République vint consoler , embellir tes derniers
» instans. Oui , nous la conserverons, la République ,
» pour qu'elle soit le temple de ta mémoire , l'asile de
» ton vertueux père, et la gloire de tous les guerriers
» qui l'ont défendue comme toi. Nous repousserons la
» terreur qui t'opprima, comme le royalisme qui te pros-
» crivit ; et nous maintiendrons cette Constitution de
» l'an III, qui fut le constant objet de ton dévouement.
» de tes vœux, de tes espérances ; nous saurons, à ton
» exemple , résister aux factions, braver les périls, et ne
» connaître sur la terre d'autres puissances irrésistibles
» que celles devant qui seulement a pu fléchir ton ame
» républicaine : la loi, la vertu , la nécessité et la
» mort ».

L'orateur , après avoir successivement fait éprouver à
tous les assistans les sentimens divers que devaient inspirer le courage et les vertus qu'il venait de peindre
avec tant de chaleur et d'éloquence , termine au milieu
des plus vifs applaudissemens.

Un groupe de vieillards reprend alors l'hymne funèbre,
et chante la seconde strophe :

> Aspirez à ses destinées ,
> Guerriers défenseurs de nos lois :
> Tous ses jours furent des années ;
> Tous ses faits furent des exploits.
> La mort qui frappa sa jeunesse ,
> Respectera son souvenir.
> S'il n'atteignit point la vieillesse ,
> Il sera vieux dans l'avenir.

Des guerriers continuent :

> Sur les rochers de l'Armorique ,
> Il terrassa la trahison ;
> Il vainquit l'hydre fanatique
> Semant la flamme et le poison.
> La guerre civile étouffée
> Cède à son bras libérateur ;
> Et c'est là le plus beau trophée
> D'un héros pacificateur.

> Oui, tu seras notre modèle ;
> Tu n'as point terni tes lauriers.
> Ta voix libre , ta voix fidèle,
> Est toujours présente aux guerriers.
> Aux champs d'honneur où vit ta gloire,
> Ton ombre , au milieu de nos rangs ,
> Saura captiver la victoire,
> Et punir encor les tyrans.

Ces dernières paroles, et le charme entraînant de la
musique guerrière par laquelle elles sont animées ,
transportent tous les assistans , arrachent des applaudissemens universels , et changent tout-à-coup la nature de

l'émotion générale : magistrats, citoyens, militaires, tous ne paraissent plus occupés que de l'idée d'honorer par de nouveaux triomphes, la mémoire du général qui a conduit tant de fois les colonnes républicaines à la victoire. L'air si chéri des défenseurs de la patrie, l'air des Marseillais ranime tous les esprits et échauffe toutes les ames. Un chœur de chanteurs et de cantatrices entonnent la strophe *Amour sacré de la patrie*. Le Directoire se lève et se découvre ; tout le cortége, tous les citoyens placés sur le tertre, sont aussi levés et découverts, par un mouvement simultané ; tous, en agitant leurs chapeaux dans les airs, et les yeux fixés sur la statue de la liberté, répètent en chœur la reprise, *aux armes, citoyens*. Ce concert unanime s'élève jusqu'aux nues, et se confond à l'explosion d'une décharge d'artillerie ; tous les corps de troupes placés dans le cirque, y répondent par un feu de peloton, qui se continue et se répète à plusieurs reprises dans tout le contour de l'enceinte du Champ-de-Mars.

Le chant du départ est entendu avec la même avidité, et excite un enthousiasme aussi universel.

Toutes les troupes, cavalerie, artillerie et infanterie, après avoir, dans divers intervalles, exécuté plusieurs évolutions militaires, s'avancent pour rendre les derniers honneurs à l'immortel général, et défilent en grande parade devant le mausolée.

Le Directoire exécutif suivi de tout le cortége, descend de l'autel et se porte en avant de l'effigie du général *Hoche*. Chacun, en passant, dépose la branche qu'il tient à la main ; et bientôt le buste se trouve reposer sur un lit de feuilles de chêne et de laurier. Le plus grand silence règne pendant cette cérémonie, et annonce le recueillement profond de tous. Le cortége se remet en marche et se dirige vers l'École militaire, en longeant le côté occidental du Champ-de-Mars.

Pendant la marche, le canon continue de se faire

entendre par intervalles ; les tambours et les instrumens militaires de régler le pas par des accords lugubres. Toutes les troupes rangées dans le cirque, et tous les citoyens placés sur les talus, témoignent, au passage du cortége, par des cris répétés de *vive la République*, la satisfaction qu'ils éprouvent de voir rendre avec éclat les honneurs dûs à ceux qui servent la patrie avec un zèle constant et pur.

Arrivé à l'École militaire, le Directoire reçoit de nouveau la famille du général *Hoche*; et après avoir versé encore quelques consolations sur ses peines, retourne au palais dans le même ordre qu'il était arrivé.

LE DIRECTOIRE EXÉCUTIF arrête que le procès-verbal ci-dessus sera imprimé, et envoyé aux administrations départementales et municipales, aux tribunaux civils, criminels et correctionnels, et aux armées ;

Arrête, en outre, qu'il sera lu publiquement le 30 de ce mois, lors de la cérémonie ordonnée par la loi du 5, dans chaque chef-lieu de canton, ainsi que dans chaque division aux armées.

Pour expédition conforme , *signé* L. M. REVELLIERE-LÉPEAUX, *président ;* par le Directoire exécutif, *le secrétaire général ,* LAGARDE.

À PARIS, DE L'IMPRIMERIE DE LA RÉPUBLIQUE.
Vendémiaire , an VI.

www.ingramcontent.com/pod-product-compliance
Lightning Source LLC
Chambersburg PA
CBHW051401050726
47595CB00006B/2664